입이 열리는
여행 중국어

입이 열리는 여행 중국어

발행일	2023년 9월 15일
지은이	김세웅
펴낸이	김세웅
펴낸곳	도서출판 피스북
출판등록	제300-2015-169호
주소	서울 종로구 새문안로 92, 1329호
전화번호	010-5313-2317
이메일	mokang21@hanmail.net

편집/디자인	(주)북랩
제작처	(주)북랩 www.book.co.kr

ISBN   978-89-959134-3-7 03710

쉽게 배우고 여행에서 바로 활용할 수 있는
친절한 중국어 학습서

입이 열리는
여행 중국어

김세웅 지음

3가지 기본 문형
8가지 상황별 기초 예문
10가지 필수 단어장

피스북
Peace in Human Mind, Peace in the World

이 책은 다음과 같은 특징을 가지고 있습니다. 따라서 강력합니다.

첫째, 중국어의 기본 구조를 아주 쉽게 보여주고 있습니다.

- 시중의 많은 책들이 상황별 회화 중심의 나열식으로 되어 있어 독자들은 막연하게 나열된 문장들을 기계식으로 외워야만 합니다. 난감한 일입니다. 여기서는 이를 피하기 위하여 우선 중국어의 기본 구조를 3가지로 나누어 쉽게 소개하고 있습니다.

둘째, 상황별 회화를 8개의 필수 상황으로 줄이고 예시 문장도 아주 획기적으로 줄였습니다.

- 줄였기 때문에 충분한 예문을 볼 수 없다고 할 수도 있으나, 제한된 시간 내에 소화할 수 있는 범위를 생각하면 오히려 부담없이 확실하게 필요한 예문을 다질 수 있다고 생각합니다.

셋째, 기본 단어장을 제시하여 기본 단어를 한 눈에 검색하여 기본 문형에 대입하여 그때 그때 활용할 수 있어서 좋고, 또 쉽게 외울 수 있어서 좋습니다.

- 단어장은 10개 분야로 나누어서 제시되어 있습니다. 빠른 시간 안에 찾아 활용하기 쉽도록 배려한 것입니다. 만약 단어장 안에 찾고자 하는 단어가 없다면 부득이 폰 안의 앱의 도움을 받아야겠지만, 분야별 기본 필수 단어는 거의 수록하였습니다.

넷째, 제1부와 제2부의 중국어 예문을 강의와 함께 모두 녹음하여 MP3로 정리하여 수록하였습니다.

- 해당 QR 코드를 책에 일일이 수록하였으므로 여러분의 폰에 있는 카메라로 찍어 어디서든 녹음을 들을 수 있습니다. 꼭 확인하여 표준발음을 습득하고 유지하시기 바랍니다.

결론적으로 여러분은 참으로 탁월한 선택을 했다고 생각합니다.

가장 짧은 시간 안에 중국어의 참 맛을 보고 활용해 볼 수 있게 되었기 때문입니다. 나열식으로 외우는 방식보다는 훨씬 더 체계적이고 과학적이라는 사실을 이책을 다 공부하고 나면 반드시 수긍하리라고 생각합니다.

감사합니다.

지은이 김세웅 드림

목차

II. 기초 회화 基础会话 jī chǔ huì huà   69

III. 필수 단어장 必须单词本 bì xū dān cí běn 103

중국어 발음

汉语发音

hàn yǔ fā yīn

중국어 발음은 다른 언어와 마찬가지로 기본적으로 자음과 모음으로 구성되어 있습니다. 다만 중국어를 표기하는 한자가 소리를 표기하는 우리 한글과는 달리 뜻을 나타내는 표의문자이기 때문에 로마자 알파벳을 차용하여 소리를 표기하는 것이 특징입니다. 이것을 한어병음(汉语拼音)이라고 부릅니다.

또 하나의 특징은 1-4성과 경성이라는 다섯 개의 성조가 있다는 것입니다.

1. 자음(성모, 声母)

순음	bo	po	mo	fo
	뽀	포	모	*포(f)
설첨음	de	te	ne	le
	뜨어	트어	느어	르어
설근음	ge	ke	he	
	끄어	크어	흐어	
*설면음	ji	qi	xi	
	지	치	시	
**권설음	zhi	chi	shi	ri
	쯔	츠	쓰	*르(r)
***설치음	zi	ci	si	
	즈	츠	쓰	
기타음	y	w		
	이	우		

중국어 발음의 자음 즉 성모는 위의 표 한글 표기와 같이 대체로 영어의 자음 발음과 같다고 생각하면 됩니다. 다만, 다음과 같은 예외가 있다는 것을 잘 기억해 두어야 합니다.

* 설면음은 표기에 있어서 jü, qü, xü 의 경우 ju, qu, xu로 하고, 발음은 그대로 "쥐, 취, 쉬"로, yü 도 yu로 표기하고 발음은 "위"로 합니다. 또한 "q"가 "ㅊ"으로 소리 나고, "x"가 "ㅅ"으로 소리 나는 데에도 유의해야 합니다.

** 권설음의 경우, 혀를 입천장 쪽으로 말아 올린 상태에서 그대로 바람을 통과 시키면서 강하게 쯔, 츠, 쓰로 발음합니다. 그리고 알파벳 "i"가 "으"로 발음되는 것에 유의합니다.

*** 설치음의 경우, 혀를 위아래 이 사이에 대고 떨리게 하는 듯이 즈, 츠, 쓰를 발음합니다. 그리고 알파벳 "i"가 "으"로 발음되는 것에 유의합니다.

2. 모음(운모, 韻母)

단운모	a	o	e	i	u	ü			
	아	오	으,어	이,으	우,위	위			
이중결합 운모	ai	ei	ui	ao	ou	iu	ie	ue	ua	uo
	아이	에이	우이	아오	오우	유	예	위에	와	우오
설첨비음 운모	an	en	in	un	ian	uan	uen			
	안	언	인	운,윈	이엔	우안, 위엔	우언			
설근비음 운모	ang	eng	ing	ong	iang	uang	ueng	iong		
	앙	엉	잉	웅	이앙	우앙	우엉	이옹		
특수원음 운모	* er									
	얼									

* 특수원음운모 "er"은 독립적으로 쓰이는 것은 아닙니다. 보통
일부 지역의 방언에서 쓰이며 단어의 끝에 붙어 나타납니다.
예를 들면, 어디의 뜻을 가진 哪里(nǎ li, 나리)가 哪儿(nǎ'er,
나얼)이 되어 쓰이는 경우입니다.

3. 성조(声调)

중국어에는 1-4성과 경성을 합하여 다섯 개의 성조가 있습니다.

제1성은 가장 높은 곳에서 일정 시간 발음을 유지하는 것입니다. 엄마를 뜻하는 妈가 제1성인데, 표기는 "mā"로 합니다.

제2성은 중간 높이에서 가장 높은 소리로 급히 올라가는 발음입니다. "대마"를 뜻하는 "麻"가 제2성인데, 표기는 "má"로 합니다.

제3성은 중간에서 내려오다 다시 올라가는 발음입니다. "말"을 뜻하는 "马"가 제3성인데, 표기는 "mǎ"로 합니다.

제4성은 가장 높은 곳에서 가장 낮은 곳으로 급히 내려오는 발음입니다. "욕하다"라는 동사 "骂"가 제4성인데, 표기는 "mà"로 합니다.

경성은 매우 짧게 그리고 가볍게 하는 발음입니다. "ma"와 같이 아무런 성조 표시가 없습니다.

지금까지의 설명을 표로 보면 다음과 같습니다.

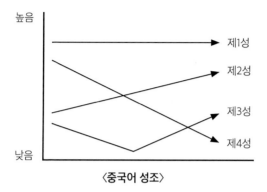

〈중국어 성조〉

4. 중국어 발음

결국 성모 + 운모 + 성조 = 중국어 발음이라는 공식이 성립하게 되었습니다. 우리는 이를 하나하나 연구하며 공부하는 것도 필요하겠지만, 쉬운 것부터 하나씩 발음해 나가다 보면 쉽게 모든 것이 하나 같이 편하게 느껴지게 될 것입니다.

따라서 여기서는 우선 우리에게 익숙한 한자어와 고유 명사를 익히는 것으로 중국어 발음의 기초를 공부해 보겠습니다.

우리말과 유사한 발음 구조로 되어 있으니 편하게 시작해 보시기를 바랍니다.

우선 "안녕하세요"라는 인사말이 중국어로 "니 하오"라고 발음하는 것을 많이 들어 봤을 것입니다. 이에 대한 중국어 한자와 발음기호인 한어병음(汉语拼音)은 어떻게 될까요? 로마자 알파벳으로 쓰인 한어병음을 잘 보세요. 간단합니다.

你好? nǐ hǎo 니 하오

그다음은 "고맙습니다"라는 말입니다. "시에시에" 또는 "셰셰"라

고 하지요? 이를 중국어 한자와 한어병음으로 표기하면 다음과
같습니다.

谢谢。   xiè xie   셰 셰

한국인과 중국인은 어떻게 하는지 보겠습니다.

韩国人   hán guó rén   한 구오 런

中国人   zhōng guó rén 쭝 구오 런

동서남북과 춘하추동을 보겠습니다.

东西南北   dōng xī nán běi   뚱 시 난 베이

春夏秋冬   chūn xià qiū dōng 춘 샤 츄 뚱

중국어 발음의 기초 일부를 시작해 보았습니다. 마음 편하게
쉬운 말 발음부터 하나하나 배워 가도록 하겠습니다. 곧 익숙해
질 것으로 생각합니다.

I. 기본 어법

基本语法

jī běn yǔ fǎ

나는
한국인입니다.

我是韩国人。 나는 한국인**입니다**.

wǒ shì hán guó rén
워 쓰 한 구 오 런

우리가 배우게 될 중국어의 첫 번째 문장은 "나는 한국인입니다."라는 말입니다. 여기서 我(wǒ, 워)는 나를 의미하고 韩国人(hán guó rén, 한 구 오 런)은 한국인을 그리고 是(shì, 쓰)는 "…**입니다**"를 의미합니다.

"A는 B입니다."를 중국어로 말하면 바로 "A是B"라고 하면 됩니다. 생각보다 간단합니다.

(1)

그렇다면 우리는 是(shì, 쓰)를 활용하여 간단하게 많은 문장을 만들 수 있다는 것을 알 수 있습니다. 우선 기본 단어 몇 개를 보고 외워 둡시다.

※ 사람을 가리키는 단어들

我 wǒ 워　나

你 nǐ 니　너, 당신

他 tā 타　그, 그 사람

她 tā 타　그녀, 그 여자

여기에 각각 们(men, 먼)을 붙이면 복수가 됩니다.

我们 wǒmen 워먼　우리들

你们 nǐmen 니먼　너희들, 당신들

他们 tāmen, 타먼　그들

她们 tāmen, 타먼　그녀들

※ 사람의 직업, 신분 또는 국적을 가리키는 몇 개의 단어들

学生	xué sheng	쉬에 성	학생
老师	lǎo shī	라오 쓰	교사
家庭主妇	jiā tíng zhǔ fù	쟈 팅 쭈 푸	가정주부
公司职员	gōng sī zhí yuán	궁 쓰 쯔 위엔	회사원
中学教师	zhōng xué jiào shī	쭝 쉬에 쟈오 쓰	중학교 교사
美国人	měi guó rén	메이 구오 런	미국인
中国人	zhōng guó rén	쭝 구오 런	중국인

그러면 이제 위에서 제시한 단어들과 "是"를 활용하여 몇 개의 기본 문장을 만들어 보겠습니다. 아주 쉽습니다.

나는 미국인입니다.

我 是 美 国 人 。

wǒ shì měi guó rén
워 쓰 메이 구오 런

당신들은 중국인입니다.

你 们 是 中 国 人 。

nǐ men shì zhōng guó rén
니 먼 쓰 쭝 구오 런

그녀는 가정주부입니다.

她 是 家 庭 主 妇 。

tā shì jiā tíng zhǔ fù
타 쓰 쟈 팅 쭈 푸

그는 회사원입니다.

他 是 公 司 职 员 。

tā shì gōng sī zhí yuán
타 쓰 꿍 쓰 쯔 위엔

우리들은 학생입니다.

我 们 是 学 生 。

wǒ men shì xué sheng
워 먼 쓰 쉬에 썽

그들은 중학교 교사입니다.

他 们 是 中 学 教 师 。

tā men shì zhōng xué jiào shī
타 먼 쓰 쭝 쉬에 쟈오 쓰

(2)

그리고 "是"는 위와 같이 사람과 직업 등을 말할 때만 쓰는 것이 아닙니다. 일반 사물이나 장소를 주어로 하는 문장에도 사용됩니다. 우선 관련된 기본 단어 몇 개를 보겠습니다.

※ 물건 또는 일반 사물을 가리키는 단어들

这	zhè	쩌	이것
那	nà	나	저것
这里	zhè li	쩌 리	이곳
那里	nà li	나 리	저곳

※ 물건의 이름 또는 건물의 이름 등

勺子	sháo zi	싸오 즈	숟가락
筷子	kuài zi	콰이 즈	젓가락
天安门	tiān ān mén	톈 안 먼	천안문
北京站	běi jīng zhàn	베이 징 짠	북경역

앞 단어들을 활용한 문장은 다음과 같습니다. 너무너무 쉬워요.

이것은 숟가락입니다.

这 是 勺 子

zhè shì sháo zi
쩌 쓰 싸오 즈

저것은 젓가락입니다.

那 是 筷 子

nà shì kuài zi
나 쓰 콰이 즈

이곳은 천안문입니다.

这 里 是 天 安 门

zhè li shì tiān ān mén
쩌 리 쓰 톈 안 먼

저곳은 북경역입니다.

那 里 是 北 京 站

nà li shì běi jīng zhàn
나 리 쓰 베이 징 짠

(3)

"是"는 "…입니다."를 뜻한다고 했는데, 부정문 즉 "…이 아닙니다."를 말할 때는 어떻게 해야 할까요. 간단합니다. "是"의 앞에 "不(bù, 부)"를 붙이면 됩니다. 정말 쉽습니다.

나는 미국인이 아닙니다.

我 不 是 美 国 人 。

wǒ bú shì měi guó rén
워　부　쓰　메이 구오 런

우리들은 학생이 아닙니다.

我 们 **不 是** 学 生 。

wǒ men bú shì xué sheng
워　먼　부　쓰 쉬에　썽

이것은 숟가락이 아닙니다.

这 **不 是** 勺 子 。

zhè bú shì sháo zi
쩌　부　쓰 싸오 즈

저곳은 북경역이 아닙니다.

那里不是北京站。

nà li bú shì běi jīng zhàn

나 리 부 쓰 베이 징 짠

(4)

자, 그러면 이제 의문문 즉 뭔가를 물어보는 문장은 어떤 모양
을 할까요?

가장 간단한 방법은 문장의 맨 뒤에 일반적으로 "吗(ma 마)"를
붙이면 됩니다. 정말 간단합니다.

당신들은 중국인입니까?

你 们 **是** 中 国 人 **吗** ？

nǐ men shì zhōng guó rén ma
니 먼 쓰 쭝 구오 런 마

그녀는 가정주부입니까?

她 **是** 家 庭 主 妇 **吗** ？

tā shì jiā tíng zhǔ fù ma
타 쓰 쟈 팅 쭈 푸 마

우리들은 학생이 아닙니까?

我 们 **不 是** 学 生 **吗** ？

wǒ men bú shì xué sheng ma
워 먼 부 쓰 쉬에 썽 마

이것은 숟가락이 아닙니까?

这 不 是 勺 子 吗？

zhè bú shì sháo zi ma
쩌 부 쓰 싸오 즈 마

또 한 가지 방법은 "是不是(shì bú shì, 쓰 부 쓰)"를 중간에 넣는 방법입니다.

당신들은 중국인입니까?

你 们 是 不 是 中 国 人？

nǐ men shì bú shì zhōng guó rén
니 먼 쓰 부 쓰 쭝 구오 런

이것은 숟가락입니까?

这 是 不 是 勺 子？

zhè shì bú shì sháo zi
쩌 쓰 부 쓰 싸오 즈

(5)

"是"와 관련하여 여러분에게 더 소개해 드릴 것은 의문사와 관련된 것입니다.

몇 가지 의문사입니다.

谁	shéi	쎄이	누구
什么	shén me	썬 머	무엇
哪里	nǎ li	나 리	어디
哪儿	nǎ er	나 얼	어디

위 의문사를 활용한 문장들입니다. 이러한 의문사를 쓸 때에는 문장 끝에 "吗"를 붙이지 않습니다.

그는 누구입니까?

他 是 谁 ?

tā shì shéi
타 쓰 쎄이

이것은 무엇입니까?

这 是 什么？

zhè shì shén me
쩌 쓰 썬 머

이곳은 어디입니까?

这 里 是 哪 里？

zhè li shì nǎ li
쩌 리 쓰 나 리

저곳은 어디입니까?

那 里 是 哪 儿？

nà li shì nǎ ér
나 리 쓰 나 얼

2

날씨가
좋습니다.

天气好 날씨가 **좋습니다.**

tiān qì hǎo

톈 치 하오

　"是"를 활용한 문장 다음으로 우리가 공부할 문장은 다음과 같이 사람이나 사물의 상태를 설명해 주는 단어들의 경우입니다. 이때에는 문장에 "是" 없이 바로 주어 뒤에 형용사가 오는 경우입니다.

　위 문장의 경우 주어인 "날씨" 즉 "天气(tiān qì, 톈 치) 다음에 바로 "좋다"는 뜻의 "好(hǎo, 하오)"가 온 경우입니다.

(1)

이와 같은 형태의 문장을 우선 몇 개 만들어 보겠습니다. 다른 문장을 만들어 보기 전에 우선 단어 몇 개를 익혀 봅시다.

※ 주어가 될 만한 단어

我的工作　　wǒ de gōng zuò　　워 더 꿍 쭈오　　나의 일, 나의 업무

- 여기서 "…的"는 매우 자주 쓰이는 단어로 "…의"라는 뜻입니다. 꼭 기억해 두시기 바랍니다.

问题	wèn tí	원 티	문제
饭店	fàn diàn	판 뎬	호텔
行李	xíng li	싱 리	짐
妈妈	mā ma	마 마	엄마, 어머니

※ 주어를 설명해 주는 단어

忙	máng	망	바쁘다
难	nán	난	어렵다
远	yuǎn	위엔	멀다
重	zhòng	쭝	무겁다
高兴	gāo xìng	까오 싱	기쁘다

이를 활용한 문장들입니다.

나의 일이 바쁩니다.

我 的 工 作 **忙** 。

wǒ de gōng zuò máng
워 더 꿍 쭈오 망

문제가 어렵습니다.

问 题 **难** 。

wèn tí nán
원 티 난

호텔이 멉니다.

饭 店 **远** 。

fàn diàn yuǎn
판 뎬 위엔

짐이 무겁습니다.

行 李 **重** 。

xíng li zhòng
싱 리 쭝

엄마는 기쁩니다.

妈 妈 高 兴 。

mā ma gāo xìng
마 마 까오 싱

(2)

그러면 "…지 않습니다."라는 부정의 문장을 만들려면 어떻게 하면 될까요? 이것도 아주 간단합니다. 이 경우도 상황을 설명하는 단어의 앞에 "不(bù, 뿌)"만 붙이면 되는 것입니다.

위 예문 중 앞 세 문장의 부정문은 아래와 같습니다.

일이 바쁘지 않습니다.

工 作 **不 忙** 。

gōng zuò bù máng
　꿍　쭈오　뿌　망

문제가 어렵지 않습니다.

问 题 **不 难** 。

wèn tí bù nán
　원　티　뿌　난

호텔이 멀지 않습니다.

饭 店 **不 远** 。

fàn diàn bù yuǎn
　판　뎬　뿌　위엔

(3)

그렇다면 의문문은 어떻게 만들면 될까요? 이 경우도 두 가지 방법이 있습니다.

첫 번째 방법은 처음 "是"와 마찬가지로 문장의 뒤에 "吗"를 붙이면 됩니다.

호텔이 멉니까?

饭 店 远 吗？

fàn diàn yuǎn ma
판　덴　위엔　마

당신의 짐이 무겁습니까?

你 的 行 李 重 吗？

nǐ de xíng li zhòng ma
니 더 싱 리 쭝　마

엄마는 기쁩니까?

妈 妈 高 兴 吗？

mā ma gāo xìng ma
마 마 까오 싱　마

두 번째 방법은 상황을 설명하는 단어를 두 번 반복하는 것입니다. 단, 두 번째 단어의 앞에는 부정의 뜻을 가진 "不"를 삽입합니다. 다음의 예문을 보면 쉽게 이해할 수 있을 것입니다.

호텔이 멉니까?

饭店远不远？

fàn diàn yuǎn bù yuǎn
판 뗸 위엔 뿌 위엔

짐이 무겁습니까?

行李重不重？

xíng li zhòng bú zhòng
싱 리 쭝 뿌 쭝

(4)

이제 상황을 설명하는 단어에 정도의 차이를 포함하는 단어를
넣어 보겠습니다.

첫째는 "매우 …합니다."의 경우인데, 상황어의 앞에 "很(hén,
헌)"을 붙이는 것입니다.

일이 매우 바쁩니다.

工 作 很 忙 。

gōng zuò hén máng
　꿍　쭈오　헌　　망

문제가 매우 어렵습니다.

问 题 很 难 。

wèn tí hén nán
　원　티　헌　난

호텔이 매우 멉니다.

饭 店 很 远 。

fàn diàn hén yuǎn
　판　뎬　헌　위엔

둘째는 "너무 …합니다."의 경우인데, 상황어의 앞에 "太(tài, 타이)"를 붙이는 것입니다.

일이 너무 바쁩니다.

工 作 太 忙 。

gōng zuò t à i máng
꿍 쭈오 타이 망

문제가 너무 어렵습니다.

问 题 太 难 。

wèn tí t à i nán
원 티 타이 난

호텔이 너무 멉니다.

饭 店 太 远 。

fàn diàn t à i yuǎn
판   뗀 타이 위 엔

셋째는 "그리 …하지 않습니다."의 경우인데, 상황어의 앞에 "不太(bú tài, 뿌 타이)"를 붙이는 것입니다.

일이 그리 바쁘지 않습니다.

工 作 **不 太 忙** 。

gōng zuò bú tài máng
꿍 쭈오 뿌 타이 망

문제가 그리 어렵지 않습니다.

问 题 **不 太 难** 。

wèn tí bú tài nán
원 티 뿌 타이 난

호텔이 그리 멀지 않습니다.

饭 店 **不 太 远** 。

fàn diàn bú tài yuǎn
판   뎬 뿌 타이 위 엔

(5)

상황을 설명하는 문장의 경우에는 그 정도를 묻는 의문사가 있습니다. 몇 개를 소개합니다.

※ 새로운 단어

怎么样	zěn me yàng	전 머 양	어떻습니까
多少	duō shao	뚜오 싸오	얼마
钱	qián	쳰	돈
多	duō	뚜오	많다, 얼마나
几	jǐ	지	몇
个人	gè rén	꺼 런	… 명(사람 셀 때)
到	dào	따오	… 까지

의문사를 활용한 문장입니다.

오늘 날씨는 어떻습니까?

今 天 天 气 怎 么 样 ？

jīn tiān tiān qì zěn me yàng

진 텐 텐 치 전 머 양

얼마입니까?

多少钱？

duō shao qián
뚜오 싸오   첸

몇 명이 옵니까?

几个人来？

jǐ gè rén lǎi
지 꺼 런 라이

호텔까지 얼마나 멉니까?

到饭店**多远**？

dào fàn diàn duō yuǎn
따오 판   덴   뚜오 위 엔

(6)

마지막으로 상황의 변화를 표현하는 방법에 관해 알아보도록 하겠습니다. 일반적으로 상황을 설명하는 단어의 끝에 "了(le, 러)"를 삽입하면 됩니다.

날씨가 좋아졌습니다.

天气好了。

tiān qì hǎo le
텐 치 하오 러

일이 바빠졌습니다.

工作忙了。

gōng zuò máng le
꿍 쭈오 망 러

문제가 어려워졌습니다.

问题难了。

wèn tí nán le
원 티 난 러

3

나는
밥을 먹습니다.

我吃饭。 나는 밥을 **먹습니다.**

wǒ chī fàn

* 여기서부터는 발음에 한글 삽입을 하지 않습니다. 스스로 그리고 선생님의 강의 발음을 잘 따라 하시면 됩니다.

이제 우리가 익히고자 하는 중국어 형식은 사람이나 사물의 동작을 표현하는 것입니다. 위 문장에서는 주어인 "나" 즉 "我" 다음에 동작을 나타내는 "먹다" 즉 "吃(chī, 츠)" 그리고 우리말에서 흔히 "…을" 또는 "…를"이 따르는 목적어 "밥" 즉, "饭(fàn, 판)"이 뒤를 잇는 형식을 취하고 있습니다.

(1)

이와 같은 형태의 문장을 만들어 보겠습니다. 문장을 만들어
보기 전에 우선 필요한 단어 몇 개를 익혀 봅시다.

※ 주어 또는 관련 단어

爸爸	bà ba	아빠
哥哥	gē ge	형, 오빠
弟弟	dì di	남동생
妹妹	mèi mei	여동생
姐姐	jié jie	언니, 누님

※ 동작을 나타내는 동사

学	xué	배우다
看	kàn	보다
听	tīng	듣다
来	lái	오다
回来	huí lái	돌아오다
去	qù	가다
回去	huí qù	돌아가다

※ 목적어 또는 장소 등을 나타내는 단어

中文　　zhōng wén　　중국어

电视　　diàn shì　　텔레비전

音乐　　yīn yuè　　음악

学校　　xué xiào　　학교

首尔　　shǒu ěr　　서울

위에 있는 단어와 이미 앞에서 배운 단어를 활용하여 문장을 만들어 보면 아래와 같습니다.

아빠는 중국어를 배웁니다.

爸 爸 学 中 文 。

bà ba xué zhōng wén

형님은 텔레비전을 봅니다.

哥 哥 看 电 视 。

gē ge kàn diàn shì

동생은 음악을 듣습니다.

弟 弟 听 音 乐 。

dì di tīng yīn yuè

누이동생은 학교에 옵니다.

妹 妹 来 学 校 。

mèi mei lái xué xiào

누님은 서울에 돌아옵니다.

姐 姐 回 来 首 尔 。

jié jie huí lái shǒu ěr

그들은 미국에 갑니다.

他 们 去 美 国 。

tā men qù měi guó

학생은 중국에 돌아갑니다.

学 生 回 去 中 国 。

xué sheng huí qù zhōng guó

(2)

그러면 "…지 않습니다."라는 부정의 문장을 만들려면 어떻게 하면 될까요? 이것도 아주 간단합니다. 이 경우도 동사의 앞에 "不(bù, 뿌)"만 붙이면 되는 것입니다. 앞의 문장 중 일부를 부정문으로 바꾸어 보겠습니다.

아빠는 중국어를 배우지 않습니다.

爸 爸 **不 学** 中 文 。

bà ba bù xué zhōng wén

형님은 텔레비전을 보지 않습니다.

哥 哥 **不 看** 电 视 。

gē ge bú kàn diàn shì

동생은 음악을 듣지 않습니다.

弟 弟 **不 听** 音 乐 。

dì di bù tīng yīn yuè

(3)

그렇다면 의문문은 어떻게 만들면 될까요? 이 경우도 두 가지 방법이 있습니다.

첫 번째 방법은 처음 "是"와 마찬가지로 문장의 뒤에 "吗"를 붙이면 됩니다.

아빠는 중국어를 배웁니까?

爸 爸 学 中 文 **吗**？

bà ba xué zhōng wén ma

형님은 텔레비전을 봅니까?

哥 哥 看 电 视 **吗**？

gē ge kàn diàn shì ma

동생은 음악을 듣습니까?

弟 弟 听 音 乐 **吗**？

dì di tīng yīn yuè ma

두 번째 방법은 동작을 설명하는 동사를 두 번 반복하는 것입니다. 단, 두 번째 동사의 앞에는 부정의 뜻을 가진 "不"를 삽입합니다. 다음의 예문을 보면 쉽게 이해할 수 있을 것입니다.

아빠는 중국어를 배웁니까?

爸 爸 学 不 学 中 文 ？

bà ba xué bù xué zhōng wén

형님은 텔레비전을 봅니까?

哥 哥 看 不 看 电 视 ？

gē ge kàn bú kàn diàn shì

동생은 음악을 듣습니까?

弟 弟 听 不 听 音 乐 ？

dì di tīng bù tīng yīn yuè

(4)

이제 어떤 동작을 설명하는 문장에 시간과 장소 등의 상황을
더하여 보겠습니다. 간단하지만 우리가 표현할 수 있는 중국어의
수준이 몰라보게 업그레이드될 것입니다. 우선 시간과 장소에 관
련된 단어 몇 개를 보겠습니다.

※ 시간과 장소에 관련된 단어

今天	jīn tiān	오늘
明天	míng tiān	내일
昨天	zuó tiān	어제
下午	xià wǔ	오후
上午	shàng wǔ	오전
家里	jiā lǐ	집 안
车里	chē lǐ	차 안
什么时候	shén me shí hòu	언제
几点	jǐ diǎn	몇 시

우선 미래의 경우인데, 미래의 시간을 제시하는 것으로 미래형 문장을 만드는 것이 일반적입니다.

누이동생은 내일 학교에 옵니다.

妹 妹 明 天 来 学 校 。

mèi mei míng tiān lái xué xiào

누님은 오늘 오후 서울에 돌아옵니다.

姐 姐 今 天 下 午 回 来 首 尔 。

jié jie jīn tiān huí lái shǒu ěr

다음은 과거형입니다. 과거형은 과거 시간과 함께 동사의 뒤에 "了(le, 러)"를 붙여 문장을 만드는 것이 일반적입니다.

그들은 어제 미국에 갔습니다.

他 们 昨 天 去 了 美 国 。

tā men zuó tiān qù le měi guó

학생은 어제 오후 중국에 돌아갔습니다.

学 生 昨 天 上 午 回 去 了 中 国 。

xué sheng zuó tiān shàng wǔ huí qù le zhōng guó

그리고 장소를 문장에 포함시키는 것인데 "…에서"를 말할 때에
는 보통 "在…(zài, 짜이)"의 형식으로 표현합니다.

아빠는 학교에서 중국어를 배웁니다.

爸 爸 在 学 校 学 中 文 。

bà ba zài xué xiào xué zhōng wén

형님은 집에서 텔레비전을 봅니다.

哥 哥 在 家 里 看 电 视 。

gē ge zài jiā lǐ kàn diàn shì

동생은 차 안에서 음악을 듣습니다.

弟 弟 在 车 里 听 音 乐 。

dì di zài chē lǐ tīng yīn yuè

마지막으로 시간과 장소를 묻는 의문사들이 있습니다.

그는 언제 옵니까?

他 什 么 时 候 来？

tā shén me shí hòu lái

그녀는 몇 시에 학교에 갑니까?

她 几 点 去 学 校？

tā jǐ diǎn qù xué xiào

(5)

    중국어에도 영어의 조동사와 유사한 단어들이 있습니다. 자주 사용하는 몇 개를 소개하겠습니다. 부정문과 의문문을 만드는 방법은 일반 동사와 같습니다.

※ 새로운 단어

会	huì	… 할 수 있다
能	néng	… 할 수 있다
要	yào	… 하겠다, …하고 싶다
想	xiǎng	… 하고 싶다
得	děi	… 해야 한다
应该	yīng gāi	… 해야 한다
说	shuō	말하다
开车	kāi chē	차를 운전하다

我吃饭 -2

예문은 다음과 같습니다.

누이동생은 중국어를 말할 수 있습니다.

妹 妹 会 说 中 文 。

mèi mei huì shuō zhōng wén

그녀는 차를 운전할 수 있습니다.

她 **能 开** 车 。

tā néng kāi chē

형님은 밥을 먹고 싶어 합니다.

哥 哥 **要 吃** 饭 。

gē ge yào chī fàn

나는 텔레비전을 보고 싶습니다.

我 **想 看** 电 视 。

wǒ xiǎng kàn diàn shì

나는 중국에 가야 합니다.

我 得 去 中 国 。

wǒ děi qù zhōng guó

학생은 학교에 가야 합니다.

学 生 **应 该 去** 学 校 。

xué sheng yīng gāi qù xué xiào

(6)

어떤 사물의 존재 여부 즉, "… 이 있다" 또는 "… 이 없다"고 표현하는 방법은 다음과 같습니다.

"… 이 있다"는 표현에는 두 가지 방법이 가장 일반적입니다. 하나는 사물이 먼저 오는 경우로서 "… 在(zài, 짜이)"의 형식을 취하고 있습니다.

학생은 집 안에 있습니다.
学 生 在 家 里 。
xué sheng zài jiā li

형님은 차 안에 계십니다.
哥 哥 在 车 里 。
gē ge zài chē li

또 하나는 장소가 먼저 오는 경우로 "有 …(yǒu, 요우)"의 형식을 취합니다.

집 안에 학생이 있습니다.

家 里 有 学 生 。

jiā li yǒu xué sheng

차 안에 형님이 계십니다.

车 里 有 哥 哥 。

chē li yǒu gē ge

부정문은 "不在"와 "没有"의 형식을 취하고, 의문문은 일반 동
사의 경우와 같습니다.

학생은 집 안에 없습니다.

学 生 **不 在** 家 里 。

xué sheng bú zài jiā li

형님은 차 안에 안 계십니다.

哥 哥 **不 在** 车 里 。

gē ge bú zài chē li

집 안에 학생이 없습니다.

家 里 没 有 学 生 。

jiā li měi yǒu xué sheng

차 안에 형님이 안 계십니다.

车 里 没 有 哥 哥 。

chē li měi yǒu gē ge

(7)

동사와 관련된 문장으로서 유용하게 또 빈번하게 사용되는 경우를 하나 더 보도록 하겠습니다. "앉다" 또는 "타다"라는 뜻의 동사 "坐(zuò, 쭈오)"의 경우인데 "…를 타고"라는 표현의 경우에 쓰이는 동사입니다.

※ 새로운 단어

巴士	bā shì	버스
飞机	fēi jī	비행기
火车	huǒ chē	기차
出租车	chū zū chē	택시
北京	běi jīng	베이징

학생은 버스를 타고 학교에 갑니다.

学 生 坐 巴 士 去 学 校 。

xué shēng zuò bā shì qù xué xiào

누이동생은 비행기를 타고 중국에 갑니다.

妹 **妹** **坐** **飞** **机** 去 中 国 。

mèi mei zuò fēi jī qù zhōng guó

어머니는 기차를 타고 북경으로 돌아갑니다.

妈 **妈** **坐** **火** **车** 回 去 北 京 。

mā ma zuò huǒ chē huí qù běi jīng

아버지는 택시를 타고 호텔로 돌아옵니다.

爸 **爸** **坐** **出** **租** **车** 回 来 饭 店 。

bā ba zuò chū zū chē huí lái fàn diàn

(8)

동사와 관련하여 마지막으로 하나만 더 소개하겠습니다. 우리의 문장을 비약적으로 확대할 수 있는 열쇠가 되기 때문입니다.

동사의 명사화인데, 우리말에서 흔히 "··· 하는 것" 또는 "··· 하기" 등과 같은 것입니다. 예를 들면 "밥을 먹다"를 ⇒ "밥 먹는 것" 또는 "밥 먹기"라고 하는 것인데, 이를 동사의 명사화라고 합니다.

그러면 중국어에서는 이를 어떻게 하면 될까요. 매우 간단합니다. 우리말은 "먹다"를 "먹기" 또는 "먹는 것"과 같이 말의 형태를 변화시키지만 중국어는 변화 없이 그대로 사용합니다. 간단하지 않습니까?

예를 들면, "학교에 가다" 즉, "去学校"가 그대로 "학교에 가기"가 되는 것입니다. 아래의 예문을 보고 익숙하게 되도록 꼭 기억하시기 바랍니다.

※ 새로운 단어

喜欢　xǐ huān　좋아하다

爱好　ài hǎo　취미, 기호

나는 학교에 가기를 좋아합니다.

我 喜 欢 **去 学 校** 。

wǒ xǐ huān qù xué xiào

나는 음악 듣기가 취미입니다.

我 的 爱 好 是 **听 音 乐** 。

wǒ de ài hǎo shì tīng yīn yuè

II. 기초 회화

基础会话

jī chǔ huì huà

인사말

打招呼

dǎ zhāo hu

가. 기본 인사

안녕하세요?

你 好 ?

nǐ hǎo

김선생님, 안녕하세요?

金 先 生 , 你 好 吗 ?

jīn xiān sheng nǐ hǎo ma

나는 좋아요.

我 很 好 。

wǒ hén hǎo

감사합니다.

谢 谢 。

xiè xie

회화 -1

당신은요?

你 呢 ？

nǐ ne

나도 좋아요.

我 也 好 。

wǒ ye hǎo

안녕하세요.(아침 인사)

早 上 好 。

zǎo shang hǎo

안녕하세요.(저녁 인사)

晚 上 好 。

wǎn shang hǎo

안녕히 주무세요.

晚 安 。

wǎn ān

※ 새로운 단어

先生	xiān sheng	선생님(성인 남자의 일반호칭)
谢谢	xiè xie	감사합니다
早	zǎo	이른
早上	zǎo shang	아침
晚	wǎn	늦은
晚上	wǎn shang	저녁

이양, 다시 봐요.

李 小 姐 ， 再 见 。

lǐ xiǎo jie zài jiàn

내일 봐요.

明 天 见 。

míng tiān jiàn

조금 이따 봐요.

一 会 儿 见 。

yí huìr jiàn

다음에 봐요.

下 次 见 。

xià cì jiàn

천천히 가세요.

慢 走 。

màn zǒu

※ 새로운 단어

小姐	xiǎo jie	양, 여사(젊은 여성의 일반호칭)
再见	zài jiàn	다시 봐요
明天	míng tiān	내일
见	jiàn	보다
一会儿	yí huìr	잠깐, 조금 후에
慢走	màn zǒu	천천히 가세요

다. 감사와 미안함

대단히 고마워요.

非 常 感 谢 。

fēi cháng gǎn xiè

천만에요.

不 客 气 。 / 不 谢 不 谢 。

bú kè qi / bú xiè bú xiè

별말씀을요.

哪 里 哪 里 。

nǎ li nǎ li

미안해요.

对 不 起 。

duì bu qǐ

정말 미안해요.

真 对 不 起 。

zhēn duì bu qǐ

괜찮아요.

没 关 系 。   /   没 问 题 。

méi guān xi / méi wèn tí

※ 새로운 단어

非常	fēi cháng	매우, 대단히
感谢	gǎn xiè	감사, 고맙다
不客气。	bú kè qi	천만에요
哪里哪里。	nǎ li nǎ li	별말씀을요
对不起。	duì bu qǐ	미안해요
真	zhēn	정말, 참으로
没	méi	없다
关系	guān xi	관계
问题	wèn tí	문제

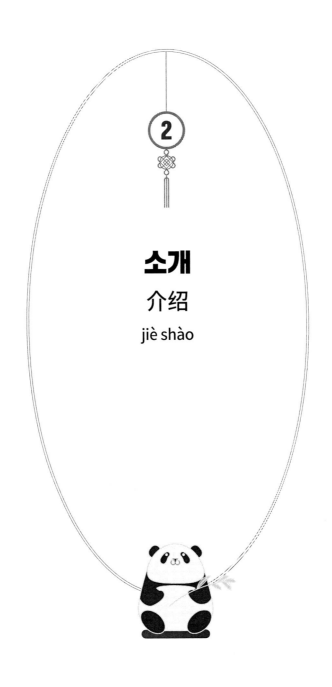

소개

介绍

jiè shào

당신은 성함이 어떻게 됩니까?

您 贵 姓 ？

nín guì xìng

나는 성은 김이고, 이름은 일수라고 해요.

我 姓 金 ， 叫 一 秀 。

wǒ xìng jīn, jiào yī xiù

당신은 한국인입니까?

你 是 韩 国 人 吗 ？

nǐ shì hán guó rén ma

네 저는 한국인입니다.

对 ， 我 是 韩 国 人 。

duì, wǒ shì hán guó rén

저분도 한국인입니까?

他 也 是 韩 国 人 吗 ？

tā yě shì hán guó rén ma

회화 - 2~5

아니요, 저분은 중국인입니다.

不 , 他 是 中 国 人 。

bù, tā shì zhōng guó rén

만나서 매우 반가워요.

见 到 你 很 高 兴 。

jiàn dào nǐ hén gāo xìng

※ 새로운 단어

贵姓	guì xìng	성이 …이다
叫	jiào	…라고 하다, 부르다
高兴	gāo xìng	기쁜, 반가운
见到	jiàn dào	만나다

3

식당

餐厅

cān tīng

메뉴판 좀 주세요.

请 给 我 菜 单 。

qǐng gěi wǒ cài dàn

주문하겠어요.

我 要 点 菜 。

wǒ yào diǎn cài

나는 매운 음식을 먹고 싶어요.

我 想 吃 辛 辣 的 菜 。

wǒ xiǎng chī xīn là de cài

접시 두 개 주세요.

请 给 我 两 个 碟 子 。

qǐng gěi wǒ liǎng ge dié zi

젓가락을 바꿔 주세요.

我 要 换 一 双 筷 子 。

wǒ yào huàn yì shuāng kuài zi

흰 밥 하나 더 주세요.

再 来 一 碗 白 米 饭 。

zài lái yì wǎn bái mǐ fàn

이곳 음식이 참 맛있어요.

这 里 的 菜 很 好 吃 。

zhè li de cài hěn hǎo chī

정말 잘 먹었어요.

真 得 吃 好 了 。

zhēn de chī hǎo le

계산은 어디서 합니까?

在 哪 里 结 账 ？

zài nǎ li jié zhàng

모두 얼마입니까?

一 共 多 少 钱 ？

yí gòng duō shǎo qián

※ 새로운 단어

请给我	qǐng gěi wǒ	나에게 주세요
菜单	cài dàn	음식 메뉴판
点菜	diǎn cài	음식을 주문하다
辛辣的	xīn là de	매운
菜	cài	음식
两个	liǎng ge	두 개
碟子	dié zi	접시
换	huàn	바꾸다
一双	yì shuāng	한 쌍
筷子	kuài zi	젓가락
再来	zài lái	더 주세요
碗	wǎn	사발
白米饭	bái mǐ fàn	흰밥
真得	zhēn de	진짜, 정말
吃好了	chī hǎo le	잘 먹었다
结账	jié zhàng	계산하다
一共	yí gòng	모두
多少	duō shǎo	얼마
钱	qián	돈

4

상점

商店

shāng diàn

얼마예요?

多少钱?

duō shǎo qián

너무 비쌉니다.

太贵了。

tài guì le

사지 않겠어요.

我不要买。

wǒ bú yào mǎi

좀 싸게 해 주세요.

便宜点儿吧。

pián yi diǎnr ba

조금 더 싼 것 있어요?

有便宜点儿的吗?

yǒu pián yi diǎnr de ma

조금 더 작은 것 있어요?

有 小 点 儿 的 吗 ？

yǒu xiǎo diǎnr de ma

다른 스타일 있어요?

有 别 的 款 式 吗 ？

yǒu bié de kuǎn shì ma

다른 색깔 있어요?

别 的 颜 色 有 吗 ？

bié de yán sè yǒu ma

나는 이것을 사겠습니다.

我 要 买 这 个 。

wǒ yào mǎi zhè ge

신용카드로 계산됩니까?

可 以 用 信 用 卡 吗 ？

kě yi yòng xìn yòng kǎ ma

영수증이 필요해요.

我 要 发 票 。

wǒ yào fā piào

※ 새로운 단어

贵	guì	(값이) 비싼
买	mǎi	사다
便宜	pián yi	(값이) 싼
的	de	…의, …것
点儿	diǎnr	조금, 약간
小	xiǎo	작은
别的	bié de	다른
款式	kuǎn shì	스타일
颜色	yán sè	색깔, 색
这个	zhè ge	이것
可以	kě yi	가능한
用	yòng	사용하다
发票	fā piào	영수증

장소와 방향

地方 / 方向

dì fāng / fāng xiàng

면세점이 있어요?

有 没 有 免 税 店 ？

yǒu mei yóu miǎn shuì diàn

엘리베이터 어디에 있어요?

电 梯 在 哪 儿 ？

diàn tī zài nǎ er

가까운데 편의점 있어요?

附 近 有 便 利 店 吗 ？

fù jìn yǒu biàn lì diàn ma

천안문은 어느 쪽입니까?

天 安 门 在 哪 一 个 方 向 ？

tiān ān mén zài nǎ yí ge fāng xiàng

직진하세요.

一 直 走 吧 。

yì zhí zǒu ba

우회전해 주세요.

请 右 转 。

qǐng yòu zhuǎn

왼쪽에 백화점이 있어요.

左 边 有 百 货 商 店 。

zuó bian yǒu bǎi huò shāng diàn

※ 새로운 단어

有没有	yǒu mei yóu	…이 있습니까?
电梯	diàn tī	엘리베이터
哪儿	nǎ er	어디 (哪里와 같음)
天安门	tiān ān mén	천안문
哪一个	nǎ yí ge	어느
一直	yì zhí	곧바로, 앞으로
走	zǒu	걷다, 가다
吧	ba	(동사의 뒤에 붙어) …하세요
请	qǐng	(문장의 처음에 붙어) …하세요

左边　　　zuó bian　　　　　　왼쪽

百货商店　bǎi huò shāng diàn　백화점

6

날짜 / 시간

日子 / 时间

rì zi / shí jiān

오늘은 몇 월 며칠입니까?

今 天 是 几 月 几 号 ？

jīn tiān shì jǐ yuè jǐ hào

오늘은 5월 1일입니다.

今 天 是 五 月 一 号 。

jīn tiān shì wǔ yuè yí hào

지금 몇 시입니까?

现 在 几 点 ？

xiàn zài jǐ diǎn

지금은 3시 25분입니다.

现 在 三 点 二 十 五 分 。

xiàn zài sān diǎn èr shí wǔ fēn

올해는 2023년입니다.

今 年 是 二 零 二 三 年 。

jīn nián shì èr líng èr sān nián

회화 - 6,7,8

우리는 몇 시에 출발합니까?

我 们 几 点 出 发 ？

wǒ men jǐ diǎn chū fā

네 시 반에 출발합니다.

四 点 半 出 发 。

sì diǎn bàn chū fā

그들은 언제 도착합니까?

他 们 什 么 时 候 到 ？

tā men shén me shí hou dào

7시 45분에 도착합니다.

七 点 四 十 五 分 到 。

qī diǎn sì shí wǔ fēn dào

시간이 얼마나 걸립니까?

需 要 多 长 时 间 ？

xū yào duō cháng shí jiān

※ 새로운 단어

今天	jīn tiān	오늘
几月	jǐ yuè	몇 월
几号	jǐ hào	며칠
现在	xiàn zài	현재, 지금
几点	jǐ diǎn	몇 시
分	fēn	분
今年	jīn nián	금년
年	nián	년
出发	chū fā	출발하다
四点半	sì diǎn bàn	네 시 반
什么时候	shén me shí hou	언제
到	dào	도착하다
需要	xū yào	걸리다, 필요하다
多长	duō cháng	얼마나 길게
时间	shí jiān	시간

7

날씨

天气

tiān qì

오늘 날씨는 어때요?

今 天 天 气 怎 么 样 ？

jīn tiān tiān qì zěn me yàng

오늘은 큰 바람이 불어요.

今 天 刮 大 风 。

jīn tiān guā dà fēng

내일은 비가 와요.

明 天 下 雨 。

míng tiān xià yǔ

어제는 눈이 내렸어요.

昨 天 下 雪 了 。

zuó tiān xià xuě le

오늘 일기예보는 어때요?

今 天 天 气 预 报 怎 么 样 ？

jīn tiān tiān qi yù bào zěn me yàng

듣건대 구름이 많다고 합니다.

听 说 有 多 云 。

tīng shuō yǒu duō yún

※ 새로운 단어

刮	guā	(바람이) 불다
大风	dà fēng	큰 바람
下雨	xià yǔ	비가 내리다
下雪	xià xuě	눈이 내리다
了	le	(동사나 문장의 뒤에 붙어 과거를 표시) … 했다
天气预报	tiān qì yù bào	일기예보
听说	tīng shuō	듣건대
多云	duō yún	많은 구름

관광지

旅游区

lǚ yóu qū

안내소는 어디에 있나요?

问 询 处 在 哪 里 ？

wèn xún chù zài nǎ li

관람 시간이 얼마나 걸리나요?

参 观 需 要 多 长 时 间 ？

cān guān xū yào duō cháng shí jiān

입장권이 필요하나요?

需 要 门 票 吗 ？

xū yào mén piào ma

몇 시에 문을 닫나요?

几 点 关 门 ？

jǐ diǎn guān mén

사진 좀 찍어 주세요.

请 帮 我 们 照 相 。

qǐng bāng wǒ men zhào xiàng

화장실은 어디에 있나요?

洗 手 间 在 哪 里 ?

xǐ shǒu jiān zài nǎ li

※ 새로운 단어

问询处	wèn xún chù	안내소
参观	cān guān	관람, 구경
门票	mén piào	입장권
关门	guān mén	문을 닫다
请帮	qǐng bāng	도와주세요
照相	zhào xiàng	사진을 찍다
洗手间	xǐ shǒu jiān	화장실

IV. 기본 단어장

必须单词本

bì xū dān cí běn

여기서 제시된 단어들은 가장 기본적인 것들을 골라 수록한 것입니다. 그렇지만 여행 등의 경우에 급히 찾아볼 수 있는 참고 사전의 역할을 톡톡히 해 낼 것입니다.

　여기에 수록되지 않은 단어들은 여러분들이 직접 스마트폰에서 검색이 가능한 다음, 네이버 등의 중국어 사전 또는 파파고 등을 이용하여 단어를 찾아본다면 많은 도움을 받을 수 있을 것입니다.

숫자

数字

shù zi

중국어 숫자는 우리말 숫자와 거의 같은 방법으로 구성되어 있어 매우 쉽게 익힐 수 있습니다. 다만, 몇 가지 우리말과 다른 중국어 특징을 잘 기억해 두면 됩니다.

가.

중국어 숫자는 0부터 9까지의 기본 숫자 즉,

零	líng	0,
一	yī	1,
二	èr	2,
三	sān	3,
四	sì	4,
五	wǔ	5,
六	liù	6,
七	qī	7,
八	bā	8,
九	jiǔ	9

등이 있으며,

十　shí　　10,

百　bǎi　　100,

千　qiān　　1,000,

万　wàn　　10,000

등의 단위가 있습니다.

나.

읽는 방법은 우리말과 거의 같습니다.

삼만 사천오백육십칠(34,567)은 중국어로
三万四千五百六十七 sān wàn sì qiān wǔ bǎi liù shí qī 라고 읽으
면 됩니다.

다.

백, 천, 만의 경우는 우리말과 달리 일백, 일천, 일만 등으로 즉,
一百 yì bǎi, 一千 yì qiān, 一万 yí wàn 등으로 읽습니다.

라.

전화번호와 연도는 숫자를 나열식으로 그대로 읽습니다.
예를 들어 전화번호가 010-3456-7892라고 하면
líng yī líng sān sì wǔ liù qī bā jiǔ èr 이라고 읽습니다.

또한 연도의 경우 예를 들어 2023년이라고 하면
二零二三年 èr líng èr sān nián 이라고 순차적으로 풀어서 읽으
면 됩니다.

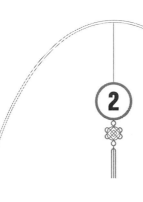

시간/날짜/요일 등

时间/日子/星期

shí jiān / rì zi / xīng qī

가. 시간

(1) 시각

시는 点 diǎn,

분은 分 fēn,

초는 秒 miǎo 라고 하며, 읽는 방법은 대체로 우리말과 같습니다.

예를 들면 3시 25분은

三点二十五分 sān diǎn èr shí wǔ fēn 이라고 합니다.

30분의 경우 우리말과 같이 두 가지 방법이 있습니다. 하나는 그대로 30분으로 또 하나는 몇 시 반으로 읽습니다. 예를 들어 6시 30분의 경우,

六点三十分 liù diǎn sān shí fēn 또는

六点半 liù diǎn bàn 이라고 합니다.

(2) 시간

위는 특정의 순간 시각을 말하는 것인데, 시간의 길이 즉 한 시

간, 두 시간 등은 小时 xiǎo shí 또는 钟头 zhōng tóu를 씁니다.
즉,

한 시간   一个小时   yí gè xiǎo shí
두 시간   两个钟头   liáng gè zhōng tóu
세 시간   三个小时   sān gè xiǎo shí

몇 분 동안을 나타낼 경우에는 分 뒤에 钟 zhōng을 붙이면 됩니다. 즉 30분 동안은 三十分钟 이라고 하면 됩니다.

나. 날짜

날짜는 정말로 간단합니다.

몇 월 며칠은

几月 几号 jǐ yuè jǐ hào라고 하며

3월 1일은

三月一号 sān yuè yí hào,

12월 25일은

十二月二十五号 shí èr yuè èr shí wǔ hào 라고 하면 됩니다.

다. 요일

요일은 진짜 간단합니다.

월요일	星期一	xīng qī yī
화요일	星期二	xīng qī èr
수요일	星期三	xīng qī sān
목요일	星期四	xīng qī sì
금요일	星期五	xīng qī wǔ
토요일	星期六	xīng qī liù
일요일	星期日	xīng qī rì

* 星期 대신 礼拜 lǐ bài 를 사용하기도 합니다.

라. 하루의 시간

새벽	凌晨	líng chén
아침	早上	zǎo shang
오전	上午	shàng wǔ
정오	中午	zhōng wǔ
오후	下午	xià wǔ
저녁/밤	晚上	wǎn shang
한밤중	半夜	bàn yè

마. 연, 월, 주, 일

(1) 연

재작년	前年	qián nián
작년	去年	qù nián
금년	今年	jīn nián
내년	明年	míng nián
내후년	后年	hòu nián

(2) 월

지난달	上个月	shàng ge yuè
이번 달	这个月	zhè ge yuè
다음 달	下个月	xià ge yuè

(3) 주

지난주	上星期	shàng xīng qī
금주	这个星期	zhè ge xīng qī
다음 주	下星期	xià xīng qī

(4) 일

어제	昨天	zuó tiān
오늘	今天	jīn tiān
내일	明天	míng tiān
모레	后天	hòu tiān

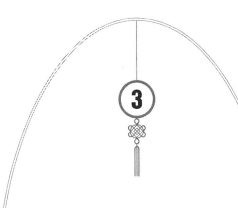

동사/형용사/부사 등

动词/形容词/副词

dòng cí / xíng róng cí / fù cí

가. 기본 동사

가다	去	qù
걷다	走	zǒu
굽다	烧	shāo
끄다/닫다	关	guān
끝나다	结束	jié shù
노래부르다	唱歌	chàng gē
달리다	跑	pǎo
돌아가다	回去	huí qù
돌아오다	回来	huí lái
듣다	听	tīng
마시다	喝	hē

말하다	说	shuō
먹다	吃	chī
문을 열다	开门	kāi mén
문을 닫다	关门	guān mén
밀다	推	tuī
바람 불다	刮风	guā fēng
보다	看/见	kàn / jiàn
사다	买	mǎi
사랑하다	爱	ài
시도하다	试	shì
시작하다	开始	kāi shǐ
싫어하다	恶	wù
아침을 먹다	吃早饭	chī zǎo fàn

앉다	坐	zuò
야식을 먹다	吃夜宵	chī yè xiāo
오다	来	lái
원하다	愿意/要	yuàn yì / yào
일어나다	起床	qǐ chuáng
일어서다	站起来	zhàn qǐ lái
입다	穿	chuān
잘 자다	睡得好	shuì de hǎo
잠을 자다	睡觉	shuì jiào
잡다(가져가다)	拿	ná
저녁을 먹다	吃晚饭	chī wǎn fàn
점심을 먹다	吃午饭	chī wǔ fàn
주다(~에게)	给	gěi

좋아하다	喜欢	xǐ huan
켜다	开	kāi
퇴근하다	下班	xià bān
초과 근무하다	加班	jiā bān
출근하다	上班	shàng bān
출장을 가다	出差	chū chāi
춤추다	跳舞	tiào wǔ
팔다	卖	mài
회의를 하다	开会	kāi huì
휴가가다	放假	fàng jià
휴대하다	带	dài

나. 기본 형용사

가깝다	近	jìn
귀엽다	可爱	kě ài
기쁘다	高兴	gāo xìng
길다	长	cháng
나쁘다	坏	huài
낮다(작다)	矮	ǎi
높다(크다)	高	gāo
느리다	慢	màn
달다	甜	tián
덥다	热	rè
두껍다	厚	hòu

따뜻하다	暖	nuǎn
뜨겁다	烫	tàng
만족하다	满意	mǎn yì
많다	多	duō
맛있다	好吃	hǎo chī
맞다(옳다)	对	duì
맵다	辣	là
멀다	远	yuǎn
모든 (~마다)	每	měi
모자라다	差	chā
무섭다	可怕	kě pà
밉다	讨厌	tǎo yàn
밝다	亮	liàng

보기좋다	好看	hǎo kàn
부끄럽다	羞愧	xiū kuì
비싸다	贵	guì
비어있다	空	kōng
빠르다	快	kuài
새롭다	新	xīn
쉽다	容易	róng yì
슬프다	悲哀	bēi āi
시원하다	凉快	liáng kuài
싱겁다	淡	dàn
싸다	便宜	pián yi
아름답다(예쁘다)	漂亮	piào liang
아프다	疼	téng

얼마	多少	duō shao
얇다	薄	báo
어둡다	黑	hēi
어때요	怎么样	zěn me yàng
어렵다	难	nán
오래되다(낡다)	旧	jiù
외롭다	寂寞	jì mò
자신있다	有信心	yǒu xìn xīn
작다	小	xiǎo
재미있다	好玩	hǎo wán
적다	少	shǎo
좋다	好	hǎo
즐겁다	快乐	kuài lè

짜다(음식이)	咸	xián
짧다	短	duǎn
춥다	冷	lěng
친절하다	亲切	qīn qiè
크다	大	dà
틀리다	错	cuò
편하다	舒服	shū fu
피곤하다	累	lèi
행복하다	幸福	xìng fú

다. 기본 부사/의문사

가장(제일)	最	zuì
가끔	有时	yǒu shí
거의	差不多	chà bu duō
너무	太	tài
누구	谁	shéi
대단히	非常	fēi cháng
매우(엄청)	很/好	hěn / hǎo
머지않아	快要	kuài yào
어디에	什么地方	shén me dì fang
어떻게	怎么	zěn me
언제	什么时候	shén me shí hou

왜	为什么	wèi shén me
특히	特别	tè bié
함께	一起	yì qǐ

라. 기본 문구/접속사

그래서	所以	suǒ yǐ
그러면	那么	nà me
그리고 나서	然后	rán hòu
또는	还是	hái shi
~ 부터 ~ 까지	从~到~	cóng~ dào~
어떻게 팔아요?	怎么卖?	zěn me mài
왜냐하면	因为	yīn wèi
~ 을 보여주세요	给我看~	gěi wǒ kàn~
잠깐 묻겠습니다	请问	qǐng wèn
~ 했다(과거, 완료)	~了	~ le
~할 수 있다	可以 ~	kě yǐ
잠시만 기다리세요	请等一等	qǐng děng yi děng

마. 기본 양사(물건 등을 셀 때 쓰는 단위)

개/명(물건, 사람)	个	gè
권(책, 소설)	本	běn
그릇/사발(국, 면류)	碗	wǎn
대(텔레비전, 기계)	台	tái
마리/척(동물, 배)	只	zhī
번/차례(동작)	下	xià
벌(의류 등)	套	tào
병(물, 술, 우유)	瓶	píng
봉지(설탕 등)	包	bāo
살(나이)	岁	suì
상자	盒	hé

송이(꽃)	朵	duǒ
수(시, 노래)	首	shǒu
잔(차, 커피, 물)	杯	bēi
장(종이, 지폐)	张	zhāng
접시	碟	dié
조각	块	kuài
종(종류)	种	zhǒng
주전자	壶	hú
칸/채(방, 집)	间	jiān
캔(맥주, 콜라)	罐	guàn
켤레/쌍	双	shuāng
통(만두)	笼	lóng
통(편지)	封	fēng

차(경험, 시험)	次	cì
차례(시합, 오락)	场	cháng
층	楼	lóu
필(말)	匹	pǐ

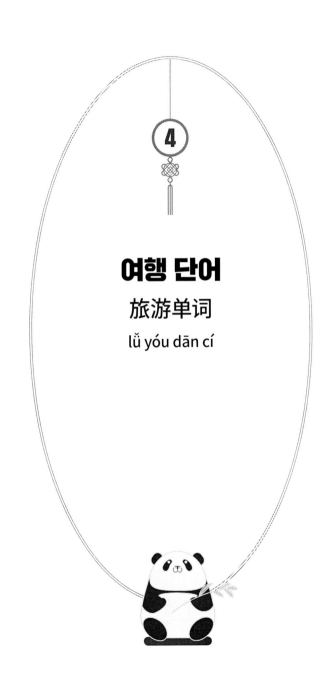

4

여행 단어

旅游单词

lǚ yóu dān cí

가. 소지품

노트북	笔记本电脑	bī jì běn diàn nǎo
달러	美元	měi yuán
비자	签证	qiān zhèng
손목시계	手表	shǒu biǎo
슬리퍼	拖鞋	tuō xié
신용카드	信用卡	xìn yòng kǎ
약	药	yào
여권	护照	hù zhào
열쇠	钥匙	yào shi
우산	雨伞	yǔ sǎn
운동화	运动鞋	yùn dòng xié

인민폐	人民币	rén mín bì
종이	纸	zhǐ
지갑	钱包	qián bāo
짐	行李	xíng li
책	书	shū
바퀴 달린 여행 가방	滑轮包	huá lún bāo
휴대전화	手机	shǒu jī
현금	现金	xiàn jīn

나. 쇼핑

과일가게	水果摊	shuǐ guǒ tān
기념품	纪念品	jì niàn pǐn
라지(L size)	大号	dà hào
문구점	文具店	wén jù diàn
미디엄(M size)	中号	zhōng hǎo
미용실	美容院	měi róng yuàn
백/봉투	袋子	dài zi
백화점	百货商店	bái huò shāng diàn
상품	商品	shāng pǐn
생선가게	鱼摊	yú tān
서점	书店	shū diàn
쇼핑몰	商场	shāng chǎng

슈퍼마켓	超市	chāo shì
스몰(S size)	小号	xiǎo hào
신제품	新款	xīn kuǎn
엑스라지(XL size)	加大号	jiā dà hào
엑스스몰(XS size)	加小号	jiā xiǎo hào
은행	银行	yín háng
이발소	理发店	lǐ fà diàn
잔돈을 거슬러주다	找钱	zhǎo qián
정육점	肉摊	ròu tān
채소가게	蔬菜摊	shū cài tān
편의점	便利店	biàn lì diàn
포장하다	打包	dǎ bāo
할인	折扣	zhé kòu

다. 착용품

구두	皮鞋	pí xié
남성복	男装	nán zhuāng
넥타이	领带	lǐng dài
바지	裤子	kù zi
신발	鞋子	xié zi
안경	眼镜	yǎn jìng
여성복	女装	nǚ zhuāng
아동복	童装	tóng zhuāng
옷	衣服	yī fu
외투	外套	wài tào
티셔츠	T恤	T xù

청바지	牛仔裤	niú zǎi kù
치마	裙子	qún zi
핸드백	手袋	shǒu dài

라. 편의 가구

난방기	暖气机	nuǎn qì jī
냉장고	冰箱	bīng xiāng
변기통	马桶	mǎ tǒng
소파	沙发	shā fā
세탁기	洗衣机	xǐ yī jī
식탁	餐桌	cān zhuō
신발장	鞋柜	xié guì
쓰레기통	垃圾桶	lā jī tǒng
에어컨	空调	kōng tiáo
온수기	热水器	rè shuǐ qì
옷장	衣柜	yī guì

의자	椅子	yǐ zi
전구	灯泡	dēng pào
전자레인지	微波炉	wēi bō lú
텔레비전	电视机	diàn shì jī
책상	书桌	shū zhuō
침대	床	chuáng

마. 식사

나이프	刀	dāo
달다	甜	tián
맛있다	好吃	hǎo chī
맵다	辣	là
빨대	吸管	xī guǎn
사발	碗	wǎn
시다	酸	suān
식당	餐厅	cān tīng
숟가락	勺子	sháo zi
쓰다	苦	kǔ
연하다/싱겁다	淡	dàn

음식배달원	外卖人	wài mài rén
이쑤시개	牙签	yá qiān
쟁반	盘子	pán zi
접시	碟	dié
젓가락	筷子	kuài zi
진하다	浓	nóng
짜다	咸	xián
포크	叉	chā
호텔	酒店	jiǔ diàn

바. 교통/ 방향/ 장소

가다/걷다	走	zǒu
건너다	过	guò
걸어가다	走路去	zǒu lù qù
공원	公园	gōng yuán
구경 다니다	逛街	guàng jiē
금지구역	禁区	jìn qū
기차	火车	huǒ chē
길목	路口	lù kǒu
길을 건너다	过马路	guò mǎ lù
경찰서	警察局	jǐng chá jú
고속도로	高速公路	gāo sù gōng lù

공항	机场	jī chǎng
근처	附近	fù jìn
남쪽	南面/南边	nán miàn / nán bian
내리다	下	xià
돌다	拐弯	guǎi wān
동서남북	东西南北	dōng xī nán běi
동쪽	东面/东边	dōng miàn / dōng bian
뒤쪽	后面/后边	hòu miàn / hòu bian
로비	大堂	dà táng
맞은편	对面	duì miàn
멈추다	停	tíng
미니버스	小巴	xiǎo bā
바깥쪽	外面/外边	wài miàn / wài bian

배	船/小轮。	chuán / xiǎo lún
버스	公共汽车	gōng gòng qì chē
북쪽	北面/北边	běi miàn / běi bian
비탈길	斜坡	xié pō
비행기	飞机	fēi jī
사무실	办公室	bàn gōng shì
서점	书店	shū diàn
서쪽	西面/西边	xī miàn / xī bian
수영장	游泳池	yóu yǒng chí
신호등	红绿灯	hóng lǜ dēng
아래쪽	下面/下边	xià miàn / xià bian
안쪽	里面/里边	lǐ miàn / lǐ bian
앞쪽	前面/前边	qián miàn / qián bian

여행을 가다	去旅行	qù lǚ xíng
연착되다	延误	yán wù
영화관	电影院	diàn yǐng yuàn
오른쪽	右面/右边	yòu miàn / yòu bian
왼쪽	左面/左边	zuǒ miàn / zuǒ bian
우회전	右拐/右转	yòu guǎi / yòu zhuǎn
운전하다	开车	kāi chē
위쪽	上面/上边	shàng miàn / shàng bian
육교	人行天桥	rén xíng tiān qiáo
인도	人行道	rén xíng dào
일층	一楼	yī lóu
입구	入口	rù kǒu
전후좌우	前后左右	qián hòu zuǒ yòu

좌회전	左拐/左转	zuǒ guǎi / zuǒ zhuǎn
주유소	加油站	jiā yóu zhàn
중간/가운데	中间	zhōng jiān
지하	地下	dì xià
지하철역	地铁站	dì tiě zhàn
직진하다	一直走	yì zhí zǒu
케이블카	缆车	lǎn chē
타다	坐/乘	zuò / chéng
택시	出租车	chū zū chē
터널	隧道	suì dào
터미널	总站	zǒng zhàn
차가 막히다	堵车	dǔ chē
출구	出口	chū kǒu

층	楼	lóu
하차하다	下车	xià chē
헬스장	健身室	jiàn shēn shì
화장실	洗手间/厕所	xǐ shǒu jiān / cè suǒ
환승하다	转乘	zhuǎn chéng

사. 돌발 상황

간호사	护士	hù shi
경찰	警察	jǐng chá
교통사고	车祸	chē huò
도난	偷盗	tōu dào
병원	医院	yī yuán
앰블런스	救护车	jiù hù chē
약	药	yào
약국	药店	yào diàn
의사	医生	yī shēng
입원하다	住院	zhù yuàn
전화하다	打电话	dǎ diàn huà
주사	注射	zhù shè

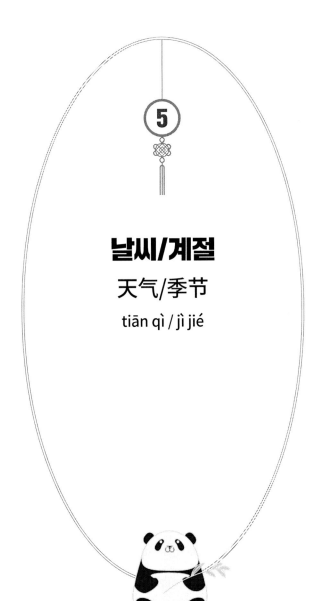

날씨/계절

天气/季节

tiān qì / jì jié

가을	秋天	qiū tiān
겨울	冬天	dōng tiān
구름이 끼다	多云	duō yún
눈오다	下雪	xià xuě
덥다	热	rè
도	度	dù
맑다	晴	qíng
번개치다	打闪	dǎ shǎn
봄	春天	chūn tiān
비오다	下雨	xià yǔ
섭씨	摄氏	shè shì
소나기	骤雨	zhòu yǔ
여름	夏天	xià tiān

온도	温度	wēn dù
일기예보	天气预报	tiān qì yù bào
천둥치다	打雷	dǎ léi
춥다	冷	lěng
큰눈	大雪	dà xuě
큰비	大雨	dà yǔ
태풍	台风	tái fēng
화씨	华氏	huá shì

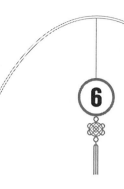

국가/ 지역

国家/地域

guó jiā / dì yù

대만	台湾	tái wān
독일	德国	dé guó
미국	美国	měi guó
베트남	越南	yuè nán
러시아	俄罗斯	é luó sī
말레이시아	马来西亚	mǎ lái xī yà
멕시코	墨西哥	mò xī gē
브라질	巴西	bā xī
서울	首尔	shǒu ěr
스페인	西班牙	xī bān yá
싱가포르	新加坡	xīn jiā pō
영국	英国	yīng guó
이태리	意大利	yì dà lì

인도	印度	yìn dù
일본	日本	rì běn
중국	中国	zhōng guó
태국	泰国	tài guó
파키스탄	巴基斯坦	bā jī sī tǎn
프랑스	法国	fǎ guó
한국	韩国	hán guó
호주	澳大利亚	à'o dà lì yà
홍콩	香港	xiāng gǎng

직업

职业

zhí yè

가수	歌手	gē shǒu
가정주부	家庭主妇	Jiā tíng zhǔ fù
간호사	护士	hù shi
교사	教师	jiào shī
공무원	公务员	gōng wù yuán
디자이너	设计师	shè jì shī
배우	演员	yǎn yuán
변호사	律师	lǜ shī
매니저	经理	jīng lǐ
비서	秘书	mì shū
사장	总经理	zǒng jīng lǐ
선생님	老师	lǎo shī
엔지니어	设计师	shè jì shī

운동선수	运动员	yùn dòng yuán
운전기사	司机	sī jī
의사	医生	yī shēng
이사장	董事长	dǒng shì zhǎng
종업원	服务员	fú wù yuán
학생	学生	xué sheng
회계사	会计师	kuài jì shī
회사원	公司职员	gōng sī zhí yuán

8

색깔

颜色

yán sè

갈색	咖啡色	kā fēi sè
검은색	黑色	hēi sè
금색	金色	jīn sè
노란색	黄色	huáng sè
보라색	紫色	zǐ sè
빨간색	红色	hóng sè
색깔	颜色	yán sè
연두색	青色	qīng sè
연한 색	浅色	qiǎn sè
은색	银色	yín sè
주황색	橙色	chéng sè
짙은 색	深色	shēn sè
녹색	绿色	lǜ sè

파란색	蓝色	lán sè
하얀색	白色	bái sè
회색	灰色	huī sè

9

음식

饮食

yǐn shí

가. 일반음식

국	汤	tāng
디저트	甜品	tián pǐn
면	面	miàn
물	水	shuǐ
바비큐	烧烤	shāo kǎo
밥	饭	fàn
빵	面包	miàn bāo
샌드위치	三明治	sān míng zhì
생선요리	海鲜	hǎi xiān
샐러드	沙拉	shā lā
소시지	香肠	xiāng cháng

쌀국수	米线	mǐ xiàn
쌀국수(납작한)	河粉	hé fěn
아이스크림	冰淇淋	bīng qí lín
라면	拉面	lā miàn
죽	粥	zhōu
케이크	蛋糕	dàn gāo
포테이토칩	薯条	shǔ tiáo
핫도그	热狗	rè gǒu
햄	火腿	huǒ tuǐ
햄버거	汉堡包	hàn bǎo bāo
훠궈	火锅	huǒ guō

나. 술

고량주	白干儿	bái gānr
레드와인	葡萄酒	pú táo jiǔ
맥주	啤酒	pí jiǔ
백주	白酒	bái jiǔ
화이트와인	白葡萄酒	bái pú táo jiǔ

다. 음료

광천수	矿泉水	kuàng quán shuǐ
레몬티	柠檬茶	níng méng chá
밀크티	奶茶	nǎi chá
사과주스	苹果汁	píng guǒ zhī
스프라이트	雪碧	xuě bì
오렌지주스	橙汁	chéng zhī
우유	牛奶	niú nǎi
차	茶	chá
찬물	冷水	léng shuǐ
찻물	茶水	chá shuǐ
커피	咖啡	kā fēi
콜라	可乐	kě lè

중국 음식

中国饮食

zhōng guó yǐn shí

중국 음식의 종류는 중국이 워낙 큰 나라이다 보니 이루 다 셀 수 없을 정도로 많다고 할 수 있습니다.

다만 중국의 음식 이름에는 대략 거기에 들어가는 재료와 조미료의 이름 그리고 조리 방법 등이 들어가 있기 때문에 재료, 조미료, 조리 방법 등을 알면 이름만 봐도 그 음식의 내용 또한 대략 알 수 있습니다.

따라서 여기서는 음식에 들어가는 대표적인 재료와 조미료의 이름과 조리 방법 등을 소개합니다.

아울러 딤섬(点心)과 중국차의 종류도 함께 소개합니다.

가. 육류

닭고기	鸡肉	jī ròu
닭가슴살	鸡胸	jī xiōng
돼지고기	猪肉	zhū ròu
돼지갈비	排骨	pái gǔ
비둘기(식용)	乳鸽	rǔ gē
소꼬리	牛尾	niú wěi
양지	牛腩	niú nán
쇠고기	牛肉	niú ròu
양고기	羊肉	yáng ròu
오리	鸭子	yā zi
우설	牛舌	niú shé
족발	猪蹄	zhū tí

나. 생선류

가리비	扇贝	shàn bèi
갑오징어	墨鱼	mò yú
굴	蚝	háo
꽃게	蟹	xiè
랍스터	龙虾	lóng xiā
문어	章鱼	zhāng yú
산천어	草鱼	cǎo yú
새우	虾	xiā
생선	鱼	yú
오징어	鱿鱼	yóu yú
우럭바리	石斑鱼	shí bān yú

전복	鲍鱼	bào yú
해삼	海参	hǎi shēn
홍합	贻贝	yí bèi

다. 채소류

가지	茄子	qié zi
감자	土豆/马铃薯	tǔ dòu / mǎ líng shǔ
공심채	空心菜	kōng xīn cài
당근	红萝卜	hóng luó bo
무	白萝卜	bái luó bo
부추	韭菜	jiǔ cài
브로콜리	西兰花	xī lán huà
상추	生菜	shēng cài
숙주	绿豆芽	lǜ dòu yá
시금치	菠菜	bō cài
청경채	青菜	qīng cài

콩나물	豆芽/豆苗	dòu yá / dòu miáo
토마토	番茄/西红柿	fān qié / xī hóng shì

라. 조미료

간장	酱油	jiàng yóu
고추기름	辣椒油	là jiāo yóu
고추장	辣椒酱	là jiāo jiàng
굴소스	蚝油	háo yóu
새우장	虾酱	xiā jiàng
설탕	糖	táng
소금	盐	yán
식초	醋	cù
카레	咖喱	gā lí

마. 조리 방법

간장 졸임	红烧	hóng shāo
굽다(불에)	烤/烧	kǎo / shāo
굽다(오븐에)	焗	jú
끓이다	煲	bāo
삶다	煮	zhǔ
볶다	炒	chǎo
지지다(기름에)	煎	jiān
찌다	蒸	zhēng
튀기다	炸	zhá

바. 딤섬

갈비찜	排骨	pái gǔ
닭고기 연잎밥	珍珠鸡	zhēn zhū jī
닭발	凤爪	fēng zhǎo
돼지고기 만두	烧卖	shāo mài
새우교자	虾饺	xiā jiǎo
소천엽찜	牛百叶	niú bǎi yè
쌀피 롤	肠粉	cháng fěn
돼지고기 쌀롤	叉烧肠	chā shāo cháng

사. 중국차

보이차	普洱	pǔ ěr
수미차	寿眉	shòu méi
수선차	水仙	shuǐ xiān
자스민차	花茶	huā chá
용정차	龙井	lóng jǐng
철관음	铁观音	tiě guān yīn